Hans-Peter Oswald:

Berlin-Domain –

eine erste Adresse Deutschlands

FSC
www.fsc.org
MIX
Papier aus ver-
antwortungsvollen
Quellen
Paper from
responsible sources
FSC® C105338

Vorwort

Die Berlin-Domain ist eine erste Adresse
Deutschlands.

Die Berlin-Domain gilt - von der De-Domain einmal
abgesehen - als die wichtigste Domain
Deutschlands, weil sie die Domain der Hauptstadt
ist.

Auch die Zahlen rechtfertigen diesen Rang. Die
Berlin-Domain ist die größte City-Domain
Deutschlands.

Während die Hamburg-Domains und die Koeln-
Domains jeweils rund 20.000 Registrierungen
aufweisen, kommen die Berlin-Domains auf runs
50.000 Registrierungen. Auch die Bayern-Domains
als Geo-Domain liegen mit rund 30.000
Registrierungen hinter den Berlin-Domains.

Berlin bildet das politische und ein ökonomisches
Zentrum Deutschlands.

Die Berlin-Domain ist daher nicht nur für Berliner
interessant.

Berlin ist mit seinen 3,6 Millionen Einwohnern und
einem Bruttosozialprodukt von 156 Milliarden pro
Jahr ein so interessanter Markt, dass es sich für
Firmen außerhalb Berlins lohnt, ihn besonders mit
einer eigenen Berlin-Domain anzusprechen.

Über Berlin

"Vor Gott sind eigentlich alle Menschen Berliner." - Theodor Fontane,

"Alle freien Menschen, wo immer sie leben mögen, sind Bürger Berlins, und deshalb bin ich als freier Mann stolz darauf, sagen zu können: »Ich bin ein Berliner«." - John F. Kennedy, Rede vor Schöneberger Rathaus, 26. Juni 1963

"Berlin ist arm, aber sexy." - Klaus Wowereit, Interview mit Focus Money, November 2003.

"Berlin ist eben ein Mythos. Die Luftbrücke, die Mauer, der Kalte Krieg, die Maueröffnung, die Wiedervereinigung - diese Themen sind in aller Welt ein Begriff." - Nico Hofmann in einem Interview in der Berliner Morgenpost vom 14. Januar 2007

"Berlin ist die Stadt, in der ich groß geworden bin. Sie repräsentiert das lebendige gegenwärtige Deutschland. Sie ist bei Londonern sehr beliebt, auch bei Leuten aus Paris oder Rom. Für die, die hierher kommen, besonders für die Ausländer, ist Berlin wirklich eine Metropole." - Ralf Dahrendorf im Interview mit Gunter Hoffmann und Jan Ross, DIE ZEIT 27.01.2005

"Berlin ist eben keine Stadt, sondern ein trauriger Notbehelf, Berlin ist ein Conglomerat von Kalamitäten." - Frank Wedekind, Brief an Arthur Holitscher, 1908

"Berlin ist mehr ein Welttheil, als eine Stadt, wo sich aus der größeren Menge leichter eine gesellige Einsamkeit erwählen ließe. Da fänden Sie Ihren ruhigsten Hafen in Deutschland." - Jean Paul an Emilie von Berlepsch, Berlin, den 1. August 1800. Denkwürdigkeiten aus dem Leben von Jean Paul Friedrich Richter. Zweiter Band: Blätter der Liebe. München 1863. S. 129 books.google

"Berlin war ein Feuerbrand von Sonne. Die Dächer der Häuser und die Fenster zitterten vor Junihitze, so wie die Hitzeluft über Steinwüsten zittert. Es war, als heizten die Scharen der Autos mit ihren Benzindämpfen die Straßen, wie fliegende Öfen." - Max Dauthendey, Das Giftfläschchen. Aus: Geschichten aus den vier Winden. München: Albert Langen, 1915. gutenberg.de

"Berlin war so herrlich lebendig, so geladen mit einer seltsamen Elektrizität." - Vicki Baum, Es war alles ganz anders. Erinnerungen. Berlin: Ullstein. 1962. S. 369

"Deine Größe, Berlin, pflegt jeder Fremde zu rühmen; Führt der Weg ihn zu uns, stutzt er, so klein uns zu sehn." - Johann Wolfgang von Goethe, "Über Weimar"

"Der Bürgermeister von Berlin ist schwul. Und er hat das vor der Wahl auf einem Parteitag gesagt. Mutig - immer noch." - Neil Tennant, über Klaus Wowereit, britisches Magazin TV Times, 7/2004; Übersetzung: Toledo; Anmerkung: Neil Tennant ist ebenfalls homosexuell und hatte sein Coming out erst, als er Ende 30 war

(Original engl.: "The mayor of Berlin is gay. And he said so during a party convention before the election. Courageous - still.")

"Es kann einem wohl nur in Berlin passieren, daß man ein »Cervelle de veau« ordert und das bestellte Kalbshirn im eigenen Schädel auf den Tisch gestellt bekommt." - Jakob Hein, über die Berliner Küche, Gebrauchsanweisung für Berlin, München, 2006, S. 140. ISBN 3492275559

"Es lebe aber, wie ich an allem merke, dort ein so verwegener Menschenschlag beisammen, dass man mit der Delikatesse nicht weit reicht, sondern dass man Haare auf den Zähnen haben und mitunter etwas grob sein muss, um sich über Wasser zu halten." - Johann Wolfgang von Goethe an Johann Peter Eckermann, 4. Dezember 1823

"[...] ich habe es noch in diesem Sommer erneut zu Papier gebracht: Berlin wird leben, und die Mauer wird fallen." - Ansprache Willy Brandts vor dem Schöneberger Rathaus in Berlin am 10. November 1989, hdg.de/lemo

"Ihr Völker der Welt, ihr Völker in Amerika, in England, in Frankreich, in Italien! Schaut auf diese Stadt und erkennt, daß ihr diese Stadt und dieses Volk nicht preisgeben dürft und nicht preisgeben könnt!" - Ernst Reuter, in einer Rede vom 9. September 1948 vor dem

Reichstag, epilog.de; Anmerkung: Reuters Rede war ein Hilferuf während der Blockade West-Berlins

"Kommen Sie einmal nach Deutschland, z.B. nach Berlin: Berlin ist die größte türkische Stadt außerhalb der Türkei. Und wir leben friedlich zusammen." - Joschka Fischer, Interview mit "Al Arabia", 22. Juni 2004

"Nirgendwo sieht man so viele Menschen, die öffentlich in Trainingsanzügen rumschlurfen wie in Berlin" - Thilo Sarrazin, im März 2002, zitiert bei spiegel.de, 29. Februar 2008

"Ohne Berlin mag ich nicht mehr sein. Könnte sein, dass mich die Stadt nie wieder los wird." - Nico Hofmann in einem Interview in der Berliner Morgenpost vom 14. Januar 2007

"Und so wünsche ich mir, dass die Bürgerinnen und Bürger Europas in 50 Jahren sagen werden: Damals, in Berlin, da hat das vereinte Europa die Weichen richtig gestellt. Damals, in Berlin, da hat die Europäische Union den richtigen Weg in eine gute Zukunft eingeschlagen. Sie hat anschließend ihre Grundlagen erneuert, um nach innen, auf diesem alten Kontinent, wie nach außen, in dieser einen großen-kleinen Welt, einen Beitrag zu leisten. - Angela Merkel, Rede beim Festakt zur Feier des 50. Jahrestages der Unterzeichnung der „Römischen Verträge", eu2007.de, 25. März 2007

"Von der großen Stadt Berlin // kannst du viel erwarten. // Solltest nur kein Weichei sein: // Berlin ist mit den Harten." - Robert Gernhardt, Berliner Zehner. Juli 2000. In: Berliner Zehner Hauptstadtgedichte. Frankfurt, 2002, S. 56. ISBN 3-596-15850-8

"Vor Gott sind eigentlich alle Menschen Berliner." - Theodor Fontane, Forum für Politik, Kultur und Wissenschaft, Deutschland, Nr.6/2007, Seite 4.

"Wenn wir weiter nur zuschauen, werden wir in 10 bis 15 Jahren in Neukölln-Nord von Whitechapel nicht mehr weit entfernt sein. 75 Prozent der Kinder unter 15 Jahren leben hier bereits heute von Sozialleistungen. Wir haben Schulen, wo 95 Prozent der Eltern arbeitslos sind. In der Welt dieser Kinder kommt ein geregeltes Erwerbsleben nicht vor." - Heinz Buschkowsky, Interview in "Der Tagesspiegel" vom 13.07.2008. tagesspiegel.de

"Ich glaube nicht, dass es irgendetwas auf der ganzen Welt gibt, was man in Berlin nicht lernen könnte - außer der deutschen Sprache!" - Mark Twain, Nach seinem Aufenthalt in Berlin, Winter 1891/1892

(Original engl.: "I don't believe there is anything in the whole earth that you can't learn in Berlin except the German language." - Notebook (1909) p. 219 archive.org)

.berlin

Logo der Vergabestelle	
Einführung	Februar 2014
Kategorie	Neue Top-Level-Domain (New gTLD)
Registry	dotBERLIN GmbH & Co. KG
Vergabe	uneingeschränkt für Berliner
Anzahl	0,05[2] Mio.

.berlin ist eine Neue Top-Level-Domain für Internetadressen (Domains) für Unternehmen, Organisationen und Privatpersonen mit Bezug zur Stadt Berlin ähnlich der Domain .de für Internetadressen mit Bezug zu Deutschland. Die Verwaltung der Domain erfolgt durch die dotBERLIN GmbH & Co. KG, einer Gesellschaft mit rund 90, zumeist Berliner, Gesellschaftern.

Mit Stand 31. Dezember 2021 waren 49.958 Domains registriert, von denen rund 36,5 % geparkt sind.[2][3]

Geschichte

Die Idee für die .berlin-Top-Level-Domain wurde im Jahr 1999 geboren, rund ein Jahr nach Gründung der ICANN.[4]

Am 21. Juni 2005 gründeten die Berliner Dirk Krischenowski und Alexander Schubert die dotBERLIN GmbH & Co KG mit dem Ziel, die .berlin-Top-Level-Domain bei der Internet-Verwaltungsorganisation ICANN zugelassen zu bekommen.[5][6][7]

Am 18. März 2014 öffnete die Top-Level-Domain .berlin als erste Stadt-Top-Level-Domain die Registrierung für die Öffentlichkeit.[8][9][10]

Nach dem ehemaligen Regierenden Bürgermeister von Berlin, Klaus Wowereit, „bietet [die Top-Level-Domain .BERLIN] die Möglichkeit, Berlin als Lebensmittelpunkt beziehungsweise als Standort der unternehmerischen Aktivitäten auch digital herauszustellen". Zudem reservierte der Senat zehntausende Berlin-Domains, darunter die Namen von Straßen und öffentlichen Einrichtungen.[11]

Der Geschäftsführer von dotBERLIN wurde im Mai 2017 in das Names & Numbers Steering Committee des eco – Verband der Internetwirtschaft berufen.[12]

Der Berliner Senat wurde im Dezember 2017 aufgefordert, zum 31. Dezember 2018 über die Entwicklung der dotBERLIN GmbH & Co. KG zu berichten.[13]

Seit dem 29. Mai 2018 bietet dotBERLIN unter mail.berlin E-Mail-Adressen unter verschiedenen .berlin-Domains an.[14]

Eigenschaften

Eine .berlin-Domainname kann zwischen einem und 63 Zeichen lang sein. Der Domainname darf nur aus den Buchstaben a bis z, den Ziffern 0 bis 9 und Bindestrichen bestehen, wobei der Name weder mit einem Bindestrich beginnen noch enden darf. Bei Internationalisierten Domainnamen (IDN) ist die Maximallänge durch die RFCs 5890 und 5891 definiert.[15]

Dieser Text stammt aus Wikipedia und ist unter der Lizenz „Creative Commons Attribution/Share Alike" verfügbar;

„Berlin" als Vor-oder Nachname

Berlin ist ein in den USA, in Deutschland und anderen
Ländern vorkommender Nachname.

Eine gewisse Bekanntheit haben beispielsweise der
Historiker Ira Berlin, der Komponist Irving Berlin und der
Philosoph Isaiah Berlin erreicht.

Berlin kommt in Deutschland kaum als Vorname vor, aber
ist in den USA durchaus als männlicher und weiblicher
Vorname nicht selten.

Die Tochter des 'Avengers'-Stars Jeremy Renner heißt
Berlin.

Wenn Sie zu den Leuten gehören, die wie unsere
Hauptstadt Berlin mit Nachnamen Berlin heißen, dann
haben wir für Sie einen Tip:

Registrieren Sie eine Berlin-Domain und heben Sie sich
schon dadurch im großen Ozean der Domains vom Rest
ab.

Jetzt können Sie vorname.berlin als Website und E-Mail-
Adressen wie zum Beispiel info@vorname.berlin erhalten.
Geschäftsinhaber und Privatpersonen weltweit ziehen es
vor, ihren eigenen Namen in ihrer Internetadresse zu
verwenden.

Wenn Sie Berlin mit dem Vornamen heißen, dann ist die Berlin-Domain die perfekte persönliche Domain für Ihre persönliche Website, Ihren Blog oder Ihre E-Mail-Adresse. Sie können Ihre Berlin-Domain zum Beispiel als Ort verwenden, um Familienfotos oder Updates zu publizieren.

Falls Berlin Ihr Vorname ist, können Sie vorname.berlin als Website und E-Mail-Adressen wie zum Beispiel info@vorname.berlin oder nachname@vorname.berlin erhalten.

Berlin ist natürlich der Name unserer Hauptstadt. Aber es gibt zwei weitere Berlins in Schleswig-Holstein und zahlreiche Berlins in den USA und anderen Ländern. Auch Bewohner dieser Orte können sich Berlin-Domains sichern.

Berlin-Domains

Die Berlin-Domains erfahren eine breite Unterstützung durch die Berliner Politik und Wirtschaft.

Die IHK Berlin erklärt:

"Als IHK Berlin unterstützen wir jedes Projekt, das geeignet ist, neue Perspektiven für das Marketing für unsere Stadt Berlin zu eröffnen." Jan Eder betont: "Eine Top-Level-Domain mit dem Namen Berlin wäre international ein Pilotprojekt für das Stadtmarketing und ein starkes Signal, das zur Marke Berlin passt: innovativ und pfiffig. Für die Berliner Wirtschaft ergeben sich daraus Chancen für einen starken Auftritt."

Eine ähnliche Position nimmt auch der Handelsverbandes Berlin-Brandenburg e.V. ein:

"Eine Top-Level-Domain mit dem Namen Berlin", führt Nils-Busch Petersen aus," könnte zukünftig zu einem Markenzeichen für unsere Stadt und damit auch für die hier ansässigen Handelsunternehmen und Kaufleute werden."

Der Verband ergänzt:

"Insbesondere für originale und typische Berliner Handels- und Designer-Marken bietet 'dotBerlin' eine gute Marketingchance."

Bekannte Vertreter Berliner Firmen und Berliner
Wirtschaftsverbände gehören zu den Sponsoren der
Berlin-Domain. Darunter sind einige, die zusätzlich im
Beirat der Berlin-Domains mitarbeiten.

Hans-Peter Oswald von domainregistry.de erläutert:

"Berlin ist zwar arm, besitzt aber jetzt eine sexy Domain:
die Berlin-Domain. Durch diese City-Domain ergeben sich
auch wirtschaftliche Chancen für die Wirtschaft Berlins.
Die Berliner haben das auch erkannt."

Warum Berlin-Domains? Jedem ist die de-Domain
bekannt. Eine Internetadresse mit einer de-Domain sieht
aus wie zum Beispiel http://www.domainregistry.de. Eine
Internetadresse unter der Berlin-Domain sieht
beispielsweise so aus: http://www.zoo.berlin.

Herr Müller von der neugegründete Firma Müller aus
Berlin möchte sich eine attraktive Internetadresse sichern.
Er schaut bei DENIC nach: mueller.de ist nicht mehr frei
und auch müller.de ist nicht frei. Herr Müller ist flexibel: Er
gibt auch mueller-gmbh.de, muellergmbh.de,
müllergmbh.de und müller-gmbh.de ein. Alle Domains
sind bereits belegt. Herr Müller sagt sich:"Dann nehme ich
eben .com statt .de". Aber auch das bringt ihn nicht weiter.
Bei .com sieht die Lage nicht besser aus.

Jetzt hat Herr Müller eine neue Chance: Er kann
mueller.berlin müller.berlin mueller-gmbh.berlin müller-
gmbh.berlin registrieren lassen.

Jeder sieht spontan, daß seine Firma aus Berlin kommt.

Frau Bengtson von dem Teegroßhändler Bengtson hat einen anderen Ansatz. Sie will folgende Domains registrieren:

tee.berlin

teehandlung.berlin

tee-handlung.berlin

teehaendler.berlin

tee-haendler.berlin

tee-händler.berlin

teehändler.berlin

teegrosshaendler.berlin

teegroßhändler.berlin

tee-grosshaendler.berlin

tee-großhändler.berlin

Jeder, der diese allgemeinen Begriffe eingibt, soll auf die Firma Bengtson stossen.

Ein guter Grund für die Einführung der neuen

Domainendungen durch ICANN ist, daß der existierende
Namensraum beschränkt ist. Viele Firmen können unter
den bestehenden Domains sich keinen optimalen Namen
suchen. Das führt dazu, daß sie auf ihren Webseiten
weniger Besucher als möglich bekommen und weniger
Umsatz machen. Volkswirtschaftlich gesehen entsteht also
durch die bisherige Beschränkung auf wenige
Domainendungen weniger Wirtschaftswachstum als
möglich wäre.

Vor zehn Jahren hat eine Google-Suche in
Bergen(Norwegen) zu den gleichen Ergebnissen geführt
als eine Google-Suche in Melbourne (Australien). Das ist
längst nicht mehr der Fall.

Google und andere Suchmaschinen können die IP-
Adressen, von dem eine Suchanfrage kommt, einem Land
zuordnen und für dieses Land relevante Ergebnisse
auswerfen. Google und andere Suchmaschinen setzten
"Cookies" auf die Rechner der Nutzer. Diese "Plätzchen"
sind kleine Spione, die den genauen Standort und die
Interessen des Nutzers Google melden. Google wirft daher
bei Anfragen für den Gemüsehändler aus Kiel inzwischen
andere Ergebnisse aus als für den Metzger in München.

Suchmaschinen arbeiten beim Ranking mit
Schlüsselwörter. Bisher waren die Schlüsselwörter nur
links vom Punkt in der Domain. Mit der Einführung der
neuen Domainendungen sind die Schlüsselwörte auch
rechts vom Punkt. Das hat zur Folge: Bei Anfragen in
Berlin zu lokalen Themen werden gute Webseiten mit

Berlin-Domains vor Webseiten mit De-Domains liegen. Dies gibt Inhabern von Berlin-Domains einen klaren Wettbewerbsvorteil.

Die Betreiber einer Webseite mit Berlin-Domain können eine Webseite so strukturieren, daß die zurückgegeben Informationen mit Hinblick auf lokale Schwerpunkte Zusatzinformationen enthalten, die auf der nationalen Webseite nicht zu finden sind, wie z.B. Kontaktdaten, Veranstaltungen mit lokalem/regionalem Bezug, Public Relations usw.

Was sind die Zielgruppen der Berlin-Domains?

1. Unternehmen aus Berlin, die "Made in Berlin" intuitiv vermitteln wollen

2. Behörden aus Berlin, die eine kurze Internet-Adresse wünschen

3. Firmen mit einem Schwerpunkt in Berlin, sei es eine Niederlassung oder ein großer Marktanteil.

4. Privatpersonen aus Berlin, die stolz auf ihre Stadt sind und das auch ihre Umwelt wissen lassen wollen

Bei stetig steigender Informationsmenge ist die lokale Präsenz im Internet von steigender Bedeutung. Der

Verkauf der Produkte und Serviceleistungen findet zum
großen Teil vor Ort statt.

Hans-Peter Oswald von domainregistry.de:

"Wer als Firma in Berlin tätig ist, sollte das zeigen, weil
viele Käufer 'buy local' praktizieren und weil bei lokalen
Suchanfragen in Google und anderen Suchmaschinen
über Themen aus dem Berlin eine Webseite mit .Berlin vor
.de oder .com liegen wird, falls die Webseite guten Inhalt
bietet."

Theodor Fontane schrieb bereits im 19. Jahrhundert:

"Vor Gott sind eigentlich alle Menschen Berliner."

Was John F. Kennedy in seiner Rede vor dem
Schöneberger Rathaus am 26. Juni 1963 sagt, klingt wie
ein fernes Echo auf das Fontane-Zitat, das Kennedy aber
höchstwahrscheinlich nicht kannte:

"Alle freien Menschen, wo immer sie leben mögen, sind
Bürger Berlins, und deshalb bin ich als freier Mann stolz
darauf, sagen zu können: »Ich bin ein Berliner«."

Eine Bestimmung der Registrierungsstelle besagt, daß
einer der vier üblichen Kontakte:

Eigentümer

Administrativer Kontakt

Rechnungskontakt

Technischer Kontakt

aus Berlin stammen muß.

ICANN Registrar Secura hilft Interessenten, die keinen
Wohn-oder Firmensitz in Berlin haben, mit einem
Treuhänder aus Berlin, der als Technischer Kontakt in den
WHOIS eingetragen wird.

Hans-Peter Oswald von domainregistry.de erläutert:

"Damit ist die Bedingung der Registry erfüllt, daß einer der
vier Kontakte aus Berlin stammen muß".

Hans-Peter Oswald ergänzt:

"Ich glaube, daß dies auch im Sinne Fontanes und
Kennedys ist. Wir alle sind doch im Herzen auch Berliner."

Wer seinen Firmennamen oder Namen nicht unter einer
De-Domain oder Berlin-Domain registrieren kann und aus
Berlin-Wedding stammt, bekommt eine zweite Chance: Er
kann seinen Firmennamen oder Namen unter der
Wedding-Domain registrieren. Eine Registrierung unter
der Wedding-Domain, läßt ihn bei den Bewohnern des
Wedding als dem Wedding zugehörig und besonders

sympathisch erscheinen.

Die neuen Top-Level-Domains mit Bezug auf Städtenamen (z.B. .koeln, .berlin, .hamburg, .wien, usw.) oder Regionen (.bayern, .nrw, .saarland, .tirol,.frl usw.) stärken die lokale und regionale Präsenz der Marken und Produkte eines Unternehmens.

Firmen sollten erwägen solche Domains zu registrieren, wenn sie bedeutende Niederlassungen oder Handelsschwerpunkte an Orten haben, die jetzt als Geo-Domains, genauer "City Domains", registrierbar sind. Oft weisen diese Metropolen und Regionen einen hohen Anteil am Wirtschaftsvolumen des jeweiligen Landes aus.

Bei stetig steigender Informationsmenge ist die lokale Präsenz im Internet von steigender Bedeutung. Der Verkauf der Produkte und Serviceleistungen findet zum großen Teil vor Ort statt.

Suchmaschinen werden bei der Verarbeitung von Suchanfragen auch Ergebnisse mit lokalem Bezug auswerfen -vor allem auch, weil der Benutzer seine aktuellen Standortdaten über IP-Adressen und Cookies zur Verfügung stellt. Google & Co. werden zukünftig auch lokale und regionale Domains stärker berücksichtigen als nationale oder internationale. Die Betreiber einer Webseite können eine Webseite über eine Geo-Domain so strukturieren, daß die zurückgegeben Informationen mit Hinblick auf lokale Schwerpunkte Zusatzinformationen enthalten, die auf der nationalen Webseite nicht zu finden sind, wie z.B. Kontaktdaten, Veranstaltungen mit lokalem/regionalem Bezug, Public Relations usw.

Den Zusammenhang zwischen einem besseren Ranking in Suchmaschinen und den Neuen Top-Level-Domains hat eine Studie von Searchmetrics für die Berlin-Domains bereits erwiesen. Webseiten mit Berlin-Domains sind bei regionalen Suchanfragen in Google häufig besser platziert als Webseiten mit .de-Domains und .com-Domains. Das Ergebnis der Searchmetric-Studie lässt sich wie folgt zusammenfassen:

"Bei 42% der Suchanfragen ranken .berlin-Domains lokal besser."

Eine weitere Studie von Total Websites in Houston zeigt, dass die Ergebnisse der Searchmetrics-Studie prinzipiell auf alle Neuen Top-Level-Domains übertragbar sind, also auch auf die anderen City-Domains. Total Websites stellt fest, dass Google die Domainendungen der Neuen Top-Level-Domains als wichtiges Kriterium für die Bewertung einer Domain heranzieht und kommt daher zu folgendem Schluss:

"Es ist klar, dass die Neuen Top-Level-Domains das Ranking in Suchmaschinen verbessern."

Ein bekannter Domain-Experte rät:" Wer eine Niederlassung in einer Stadt betreibt, die eine City-Domain besitzt, sollte eine Registrierung prüfen."

Links:

https://www.domainregistry.de/berlin-Domains.html

https://www.domainregistry.de/wedding-domains.html

Warum sollten Berliner Unternehmen Berlin-Domains registrieren?

Berlin ist die größte Stadt Deutschlands und ein bedeutendes Wirtschaftszentrum. Es ist die Heimat vieler Unternehmen und Organisationen, was es zu einem attraktiven Ziel für Unternehmen macht, die ihre Online-Präsenz aufbauen möchten.

Berlin-Domains sind eine großartige Möglichkeit für in Berlin ansässige Unternehmen, sich von Mitbewerbern abzuheben, da sie eine einzigartige Identität bieten, die sich von den anderen abhebt. Durch die Registrierung einer Berlin-Domain können Unternehmen eine lokale Präsenz aufbauen, die ihnen hilft, ihre Zielgruppe effektiver zu erreichen. Darüber hinaus erhöht es auch ihre Sichtbarkeit in den Suchmaschinenergebnissen und hilft ihnen, Vertrauen bei den Kunden aufzubauen.

Für Berliner und Berliner Unternehmen ist die Berlin-Domain ein Bekenntnis zur Berlin.

Sagen auch Sie der Welt:

„Schaut auf diese Stadt!" und registrieren Sie eine Berlin-Domain.

Berlin-Domains sind der perfekte Weg, Ihre Liebe zu Berlin auszudrücken. Sie sind einzigartig, leicht zu merken und haben ein lokales Flair. Mit einer Berlin-Domain zeigen Sie Ihre Verbundenheit zur Stadt und werden Teil der Community. Außerdem ist es eine erschwingliche Möglichkeit, online zu gehen und Ihre Geschichte mit der Welt zu teilen!Es gibt mindestens fünf Argumente, die dafür Sprechen warum Unternehmen Berlin-Domains registrieren sollten?

Verschaffen Sie sich mit einem Berlin-Domainnamen einen Wettbewerbsvorteil, um sich von der Konkurrenz abzuheben.

Sprechen Sie ganz einfach lokale Kunden an und bauen Sie Vertrauen mit einem Berliner Domainnamen auf.

Erhöhen Sie Ihre Sichtbarkeit auf dem lokalen Markt, indem Sie eine Berlin-Domain registrieren.

Genießen Sie die Vorteile einer exklusiven Präsenz in der Stadt mit einem Berlin-Domainnamen.

Nutzen Sie die Kraft von SEO, um den Traffic mit einem einzigartigen, einprägsamen Berlin-Domainnamen zu steigern.

Vorname@nachname.berlin

Wer eine e-mail Adresse und e-mail Postfach bei einem kostenfreien Provider besitzt, muss ständig sein Postfach leeren und sich ängstigen, dass der Provider einmal ihre Adresse streicht. Geschäftspartner senden im letzteren Fall evt. Aufträge und Anfragen an Sie, die ins Leere gehen.

Die Lösung: Ihre eigene e-mail Adresse unter der Berlin-Domains.

Eine eigene e-mail Adresse hat mindestens diese Vorteile:

1.Ihre e-mail Adresse zeigt, woher die e-mail kommt. Sie können Ihren eigenen Namen unter mehreren Domains frei wählen.

2. schlankerer Name, der leichter zu merken ist

3. POP 3 Account: Sie können die e-mails mit Outlook bequem lokal an Ihrem Computer lesen

4. keine engen Grössen-Begrenzungen für Ihr Postfach

5. keine engen Grössen-Begrenzungen für einkommende e-mails

6. Die kostenlosen e-mail Adressen gelten als nicht sehr seriös und werden oft mißbraucht. Ihre eigene e-mail Adresse zeigt, daß Ihr Geschäft floriert und Sie nicht auf kostenfreie Angebote angewiesen sind.

7. Die Vertraulichkeit der e-mail Nachrichten ist
Gegenstand der öffentlichen Diskussion. Wenn Sie ein
eignes E-mail Konto besitzen, können Sie auf Wunsch Ihre
e-mail Nachrichten durch einen PGP Key oder durch ein
SSL Zertifikat verschlüsseln.

Die Berlin-Domains gehören zu den „sprechenden
Domains". Jeder versteht intuitiv, wenn er den
Domainnamen sieht, dass der Inhaber etwas mit Berlin zu
tun hat: Berlin-Domains stehen für „Made in Berlin" und
sind ein Art Gütesiegel.

So versteht auch jeder spontan, wenn er einen e-mail
Adresse mit der Domainendung .berlin sieht, dass der
Inhaber aus Berlin kommt.

Link:

https://www.domainregistry.de/berlin-domains.html

Berlin-Domains ranken besser

Die neuen Top-Level-Domains mit Bezug auf Städtenamen
(z.B. .koeln, .berlin, .hamburg, .wien, usw.) oder Regionen
(.bayern, .nrw, .saarland, .tirol, usw.) stärken die lokale
und regionale Präsenz der Marken und Produkte eines
Unternehmens.

Firmen sollten erwägen solche Domains zu registrieren,
wenn sie bedeutende Niederlassungen oder
Handelsschwerpunkte an Orten haben, die jetzt als Geo-
Domains, genauer "City Domains", registrierbar sind. Oft
haben diese Metropolen und Regionen einen hohen Anteil
am Wirtschaftsvolumen des jeweiligen Landes.

Bei stetig steigender Informationsmenge ist die lokale
Präsenz im Internet von steigender Bedeutung. Der
Verkauf der Produkte und Serviceleistungen findet zum
großen Teil vor Ort statt.

Suchmaschinen werden bei der Verarbeitung von
Suchanfragen auch Ergebnisse mit lokalem Bezug
auswerfen -vor allem auch, weil der Benutzer seine
aktuellen Standortdaten über IP-Adressen und Cookies zur
Verfügung stellt. Google & Co. werden zukünftig auch
lokale und regionale Domains stärker berücksichtigen als
nationale oder internationale. Die Betreiber einer Webseite
können eine Webseite über eine Geo-Domain so
strukturieren, daß die zurückgegeben Informationen mit
Hinblick auf lokale Schwerpunkte Zusatzinformationen
enthalten, die auf der nationalen Webseite nicht zu finden

sind, wie z.B. Kontaktdaten, Veranstaltungen mit lokalem/regionalem Bezug, Public Relations usw.

Den Zusammenhang zwischen einem besseren Ranking in Suchmaschinen und den Neuen Top-Level-Domains hat eine Studie von Searchmetrics für die Berlin-Domains bereits erwiesen. Webseiten mit Berlin-Domains sind bei regionalen Suchanfragen in Google häufig besser platziert als Webseiten mit .de-Domains und .com-Domains. Das Ergebnis der Searchmetric-Studie lässt sich wie folgt zusammenfassen:

"Bei 42% der Suchanfragen ranken .berlin-Domains lokal besser."

Eine weitere Studie von Total Websites in Houston zeigt, dass die Ergebnisse der Searchmetrics-Studie prinzipiell auf alle Neuen Top-Level-Domains übertragbar sind, also auch auf die anderen City-Domains. Total Websites stellt fest, dass Google die Domainendungen der Neuen Top-Level-Domains als wichtiges Kriterium für die Bewertung einer Domain heranzieht und kommt daher zu folgendem Schluss:

"Es ist klar, dass die Neuen Top-Level-Domains das Ranking in Suchmaschinen verbessern."

Ein Domainexperte dazu:

"Wer eine Niederlassung in einer Stadt betreibt, die eine City-Domain besitzt, sollte eine Registrierung prüfen."

Hans-Peter Oswald

Links:

http://www.domainregistry.de/berlin-domains.html

http://www.domainregistry.de/hamburg-domains.html

http://www.domainregistry.de/koeln-domains.html

http://www.domainregistry.de/wien-domains.html

http://www.domainregistry.de/neue-domains.html

Impressum:
Bibliografische Information der Deutschen
Nationalbibliothek:
Die Deutsche Nationalbibliothek verzeichnet diese
Publikation in der Deutschen Nationalbibliografie;
detaillierte bibliografische Daten sind im Internet über
dnb.dnb.de abrufbar.

Herstellung und Verlag: BoD – Books on Demand,
Norderstedt

ISBN Nummer: 9783738657999

Links:

https://www.domainregistry.de/berlin-Domains.html

(deutsch)

https://www.domainregistry.de/wedding-domains.html

(deutsch)

https://www.domainregistry.de/berlin-Domain.html

(English)